Stefanie Teusch

Wichtige Stationen im Leben von Jonathan Swift und Gullivers Reisen: Vom
literarischen Meisterwerk zum Jugendbuch

D1665992

Stefanie Teusch

Wichtige Stationen im Leben von Jonathan Swift und Gullivers Reisen: Vom literarischen Meisterwerk zum Jugendbuch

GRIN Verlag

Bibliografische Information Der Deutschen Bibliothek: Die Deutsche Bibliothek verzeichnet diese Publikation in der Deutschen Nationalbibliografie; detaillierte bibliografische Daten sind im Internet über http://dnb.ddb.de/ abrufbar.

1. Auflage 2000
Copyright © 2000 GRIN Verlag
http://www.grin.com/
Druck und Bindung: Books on Demand GmbH, Norderstedt Germany
ISBN 978-3-640-41903-6

Wichtige Stationen im Leben von Jonathan Swift und Gullivers Reisen: Vom literarischen Meisterwerk zum Jugendbuch

von

Stefanie Teusch

Teil 1:

„Wichtige Stationen im Leben von Jonathan Swift"

Teil 2:

„ ‚Gullivers Reisen' : Vom literarischen Meisterwerk zum Jugendbuch"

Stefanie Teusch

Inhaltsverzeichnis

Einleitung

Diese Hausarbeit ist in zwei Teile gegliedert:

Der erste Teil enthält einen kurzen Gesamtüberblick über die Stationen im Leben des
Jonathan Swift und befasst sich später detaillierter mit Swifts Lebensweg, seinem
Lebenswandel, seinem Charakter und seinem gesamten Leben in bezug auf sein Meisterwerk
und eines der berühmtesten Werke der Weltliteratur: „Gullivers Reisen".

In dem zweiten Teil der Arbeit befasse ich mich mit dem Substanzverlust, welchen „Gullivers
Reisen" bei der Umformung zum Jugendbuch erleiden musste. In einem undurchschaubaren
Prozess wurden das Original und die Überarbeitungen immer wieder gekürzt, überarbeitet,
nacherzählt, allgemein verändert. Anhand einiger beispielhafter Textpassagen werden
Probleme aufgezeigt, welche sich den Übersetzern und Bearbeitern bei der Verfassung eines
Jugendbuchs nach Jonathan Swifts „Gullivers Reisen" stellen und auf welche verschiedenen
Arten sie diese Probleme lösen oder damit umgehen.

Teil 1: „Wichtige Stationen im Leben von Jonathan Swift"

Zeittafel:

Jonathan Swift wurde am 30.11.1667 als Kind englischer Eltern in Dublin geboren. Zu
diesem Zeitpunkt war sein Vater seit einigen Monaten tot.

Seine Schulzeit verlebte er von 1673 bis 1681 an einem angesehenen irischen Gymnasium,
der Grammar School in Kilkenny. 1682 trat Swift für sieben Jahre in das Trinity College,
Dublin ein, wo er den traditionellen Kurs zu belegen hatte, welcher aus der Übersetzung und
Interpretation vieler antiker Autoren, vornehmlich Philosophen, bestand[1]. Zwischenzeitlich
erwarb er den Grad eines „Barchelor of Arts" im Jahr 1686.

Als `89 in Irland der Bürgerkrieg ausbrach, nachdem Jakob der II und somit auch sein
Loyalitätsappell an die irischen Katholiken gestürzt worden waren, wurde der Unterricht an
dem protestantischen College unterbrochen. J. Swift flüchtete zu seiner Mutter nach Leicester
und erhielt nur kurze Zeit später eine Stelle als Sekretär. Er arbeitete nun für Sir William
Temple, eine hochangesehenen Diplomaten, welcher zurückgezogen auf Moor Park, seinem
Landsitz, in Surrey lebte. Hier begegnete Jonathan Swift erstmals Esther Johnson, „seiner

---

[1] Vgl. Jonathan Swift. „Gulliver's Travels". Hg. v. Hermann J. Real und Heinz J. Vienken. München: Wilhelm
Fink Verlag 1984. S. 116.

späteren Stella"[2], welche damals acht Jahre alt war. Nachdem Swift Stella in Temples Haus sechs Monate unterrichtete, kehrte er nach Irland zurück. 1691 trat er jedoch erneut in den Dienst des Diplomaten, begann Gedichte zu schreiben und ging seinen literarischen Neigungen in der gut bestückten Bibliothek Temples nach.

Swifts erstes Gedicht im altmodischen Stil erschien 1692. In diesem Jahr erwarb er zudem den Grad „Master of Arts", um sich eine Grundlage für eine Karriere in der Kirche zu schaffen. Drei Jahre später wurde er in Dublin zum Priester geweiht und erhielt eine Pfarrstelle in Kilroot, bei Belfast gelegen. Da diese Gegend hauptsächlich von Presbyterianern besiedelt war und diese ihm mehrheitlich feindlich gesonnen waren, fühlte er sich verlassen und isoliert. `96 gab Swift seine Pfarrstelle enttäuscht auf und kehrte zu Temple nach Moor Park zurück.

Bis 1699 arbeitete er an den Werken „Bücherschlacht" („The Battle of Books") und „Tonnenmärchen" („A Tale of a Tub"), welches als Satire auf „die zahlreichen und groben Verfallserscheinungen in Religion und Gelehrsamkeit"[3] gelten sollte.

Am Ende dieser Periode starb Sir William Temple und J. Swift reiste mit dem irischen „Lord-Oberrichter Lord Berkley"[4] als Hauskaplan nach Dublin. Diese Stelle brachte ihm zwar keine Beförderung ein, jedoch stellte sie die Möglichkeit für einen Karrieresprung in der Kirche in Aussicht. Im Jahr 1700 erhielt Swift dann die Pfarre von Laracor, dazu zwei kleine Pfründe nahe Dublin und, als Trost für eine ihm entgangene Pfarrstelle, eine Präbende der St. Patricks Kathedrale.

Ein Jahr darauf hielt er sich mit Lord Berkley in England auf und veröffentlichte sein erstes großes Werk „Ein Diskurs über die Kämpfe und Zwistigkeiten zwischen den Edlen und Gemeinen in Athen und Rom und deren Folgen für die beiden Staatswesen", ein politisches Pamphlet, in welchem er sich für die angeklagten Whig-Führer aussprach.

Während er von 1701 bis 1704 mehrere Male England besuchte und sich mit Addison, Steele, Congreve und anderen Autoren traf, promovierte er 1702 zudem zum Doktor der Theologie an dem College, welches er selbst als Student besucht hatte. Stella und ihre beste Freundin Rebecca zogen außerdem auf sein Drängen und Bitten nach Dublin um.

1704 wurden „A Tale of a Tub" und „The Battle of Books" anonym veröffentlicht und hatten großen Erfolg. Im Kampf um die Abschaffung von Steuern, die Königin Anna den englischen Geistlichen 1707 schon erlassen hatte, repräsentierte Jonathan Swift den irischen Klerus zu

---

[2] Vgl. Jonathan Swift. „Gulliver's Travels". Hg. v. Hermann J. Real und Heinz J. Vienken. München: Wilhelm Fink Verlag 1984. S. 116.
[3] Ebd. S. 116.
[4] Wittkop, Justus Franz: Swift. Reinbek bei Hamburg: Rowohlt Taschenbuch Verlag GmbH 1976. S. 143.

der Zeit in London. In den folgenden zwei Jahren förderte er intensiv seine schriftstellerische Karriere.

Nach einem einjährigen Aufenthalt in Irland kehrte er für vier weitere Jahre nach London zurück, welche den Kernpunkt seiner politischen Erfahrungen bildeten. „ ‚Gulliver's Travels' wird davon Zeugnis ablegen."[5]. Er schloss sich den Tories an, gab den Examiner eine Zeit lang heraus, begann den Briefwechsel mit Stella, welcher „als ‚Journal to Stella' später bekannt wurde"[6], er schrieb „Das Verhalten der Verbündeten", seinen mächtigsten Friedensappell und er wurde zum Dekan befördert.

Nachdem Königin Anna starb und das Tory-Ministerium gestürzt worden war, zog J. Swift sich nach Dublin zurück. Er wohnte in der Dechanei der Kathedrale und wurde bis 1720 als verdächtige Person behandelt, wodurch er sich wie ein Verbannter fühlte.

Das Jahr 1720 war der vermutliche Beginn der Arbeit an „Gullivers Reisen", woraufhin '22 erste Teile des Manuskripts unter seinen Freunden zirkulierten. Durch seine „Tuchhändler-Briefe" wurde Swift zu einem irischen Patrioten und bedrängte die englische Regierung, um eine „konstitutionelle und ökonomische Freiheit"[7] für Irland zu bewirken. Im März 1726 kam er mit dem fertiggestellten Manuskript von „Gullivers Reisen" nach England, besuchte alte Freunde, suchte anonym nach einem Verleger und im Oktober des Jahres wurde das Werk veröffentlicht.

'27 fand ein letzter Besuch Swifts in England statt, 1728 starb Stella, alias Esther Johnson, die große Liebe seines Lebens. In den Jahren '29 bis '36 verfasste und veröffentlichte er politische Gedichte und Werke, in welchen er verschiedene Mächte attackierte.

Am 17. August 1742 wurde er, an der Maniereschen Krankheit leidend, für geisteskrank erklärt und entmündigt. Jonathan Swift starb am 19. Oktober 1745 und wurde in Dublin beigesetzt. Sein Vermögen stiftete er für die Errichtung eines Irrenhauses.

---

[5] Vgl. Jonathan Swift. „Gulliver's Travels". Hg. v. Hermann J. Real und Heinz J. Vienken. München: Wilhelm Fink Verlag 1984. S. 117.
[6] Wittkop, Justus Franz: Swift. Reinbek bei Hamburg: Rowohlt Taschenbuch Verlag GmbH 1976. S. 143.
[7] Vgl. Jonathan Swift. „Gulliver's Travels". Hg. v. Hermann J. Real und Heinz J. Vienken. München: Wilhelm Fink Verlag 1984. S. 118.

Jonathan Swift wuchs in sehr ärmlichen Verhältnissen auf. Er und seine Mutter waren auf Unterstützung angewiesen und mussten durch untertänige Bittschriften um diese bei der Krone betteln. Deshalb ist es eigentlich nicht verwunderlich, dass Swift sich zu einem Mann entwickelte, der alles Untertänige abgrundtief hasste, weil seine ganze Jugend aus Untertänigkeit bestand. Swift erkannte schon früh die „geistige Flachheit"[8], welche ihn in der Gestalt von Verwandten, Bekannten oder Nachbarn umgab. Doch er konnte sich ihr erst im Alter von 21 Jahren entziehen, als er in das Haus von Sir William Temple kam und dort, unter anderem, den Stand der europäischen Bildung kennenlernte.

Nachdem es in Irland zu einigen kriegerischen Unruhen gekommen war, mussten viele Studenten die Universität in Dublin verlassen. Zu diesen gehörte auch Swift, der ein schlechter Schüler war und sich nun nach einem Lebensunterhalt umsehen musste. Sein Weg führte ihn zuerst zu seiner Mutter nach England, doch bei ihr hielt er es aufgrund seiner mürrischen und gereizten Art nicht lange aus. Alles was er sah, erinnerte ihn an seine niedrige soziale Stellung, und um so mehr verspürte er den starken Drang nach Unabhängigkeit.

Temple lebte auf Moor Park, war Diplomat, an allen europäischen Höfen bekannt, und er besaß einen makellosen Ruf. Er stellte Swift, größtenteils aus Mitleid, als seinen Sekretär ein, doch eigentlich war er nur für die besseren Dienstbotenarbeiten zuständig. J. Swift nahm äußerst ungern Befehle entgegen, blieb nach außen hin verschlossen und fand zu der Zeit etwas Entscheidendes über sich selbst heraus: In ihm gab es etwas, was beschäftigt werden musste und das sich, wenn er allein war, „aus Mangel an Inanspruchnahme in Nachdenklichkeit und Grübelei"[9] verwandelte. Er verglich seinen Verstand mit einem verhexten Geist, der Unheil anrichtete, wenn er nicht beschäftigt werden würde.

Swift fühlte sich oftmals verletzt, wenn sein Arbeitgeber ihn als einen gewöhnlichen Diener betrachtete, und so wollte er Temple von seinen literarischen Fähigkeiten überzeugen, indem er über konventionelle Themen schrieb. Doch in Jonathan Swift baute sich etwas völlig Neues, in bezug auf die geistige Welt, auf, das Licht und Platz brauchte, um sich entfalten zu können. Deshalb beschloss er Moor Park zu verlassen.

Durch die Kirche wollte Swift nun den großen Sprung in die Politik schaffen, wozu vom Bischof ein Empfehlungsschreiben seitens Sir William Temples von Swift gefordert wurde. Swift zögerte lange und es kostete seine ganze Kraft, dass er sich noch mal demütig an Temple wenden musste. Doch er überwand sich und erhielt eine kleine Pfarre in Kilroot, wo er sich wegen seiner presbyterianischen Gemeindemitglieder sehr unwohl fühlte. Zudem hat

---

[8] Roch, Herbert: Richter ihrer Zeit. Grimmelshausen – Swift – Gogol. Lizenzausgabe. Berlin-Schöneberg: Gebrüder Weiß Verlag (Jahr unbekannt). S. 64.
[9] Ebd. S. 68.

er Irland gehasst, und so fühlte er sich in seinem Exil unglücklich und krank. Krank war er wirklich, denn zeitweise war er taub und wurde von Schwindelanfällen geplagt, und manchmal lachte er plötzlich, um dann wieder, ohne ersichtlichen Grund, depressiv zu sein.

Swift kehrte nach kurzer Zeit zu Sir Temple zurück, weil er es dort besser hatte als in Kilroot, da er über Bücher verfügen konnte und somit Anregungen fand und weil er die kliene Esther Johnson, welche er bei seinem ersten Aufenthalt bei Temple unterrichtet hatte, vermisste. Der trotzige und finstere Mann liebte die Kleine wie ein Lehrer, „der seine Bemühungen von Erfolg gekrönt sieht"[10]. In ihrer Gegenwart veränderte sich sein Verhalten komplett: Er wirkte beglückt, hatte Geduld mit Esther und genoss die Zeit mit ihr in vollen Zügen.

Als er Esther nun wiedersah, war sie 15 Jahre alt. Sie schwärmte für Swift und wollte, dass er sie durch das von ihm als abschreckend und hässlich dargestellte Leben führen solle. Sie führten einen unerotischen Freudschaftsbund bis zum Tode Esthers. Zu der körperlichen Liebe, als eine Art „Verzauberung der Sinne", war J. Swift nicht fähig. Eigentlich konnte er in keiner Weise lieben, da er diesen Gefühlen nicht traute. Wenn man einen Menschen liebt, vertraut man sich ihm normalerweise auch an, wodurch man verletzlich ist. Für Jonathan Swift gab es jedoch nichts Schlimmeres als in irgendeiner Weise verletzlich zu wirken oder gar zu sein. Er zeigte immer seine „harte Seite". Deshalb lernte er die Liebe zu Esther Johnson wohl nur als Zerstreuung kennen.

Sir William Temple, welcher 1699 starb, lieferte Swift die Idee zu seinem Werk „Bücherschlacht", welches eine der vergnüglichsten Satiren der Weltliteratur ist: In einer großen Bibliothek erwachen Bücher nachts zum Leben und treten, angeführt von berühmten Werken und Autoren, in einer bestimmten Schlachtordnung zu einem Treffen an. Am „Tonnenmärchen" arbeitete Swift bereits in Kilroot, und als es abgeschlossen vorlag sagte man über den Autor: „Ohne daß jemand in seiner Umgebung viel davon gemerkt hätte, wären ihm Kräfte zugeflossen, die nach Entladung drängten."[11] Er hat die Satire von allen Seiten und mit allen Mitteln auf den Geist, den Stil und die Moden der damaligen Zeit angewendet. Swift redete durch die Werke in der rationalistischen Sprache seines Jahrhunderts. Für Poesie war in seinem Kopf kein Platz. Er war sich in sehr vielen Sachen noch nicht sicher und experimentierte noch. Außerdem misstraute er Überzeugungen, Gefühlen und der Treue.

---

[10] Roch, Herbert: Richter ihrer Zeit. Grimmelshausen – Swift – Gogol. Lizenzausgabe. Berlin-Schöneberg: Gebrüder Weiß Verlag (Jahr unbekannt). S. 73.
[11] Ebd. S. 81.

Dem „Tonnenmärchen" war jedoch, trotz der überaus positiven Reaktion der meisten Leser, auch eine Zurücksetzung bei der Wahl zum Bischof zuzuschreiben, so dass es mit Swifts Karriere in der Kirche nicht bergauf ging.

J. Swift gehörte politisch betrachtet einige Zeit den Whigs an. Nachdem die Tories jedoch die Macht übernommen hatten, wechselte er zu ihnen über und lebte für einige Jahre in London. Er stellte eine Hauptstütze für die Partei dar, was in ihm zusätzlich ungeahnte Kräfte weckte, so dass seine theologischen und politischen Pamphlete, welche er verfasste, brillant waren: Mal war er grob, mal geistreich oder von „mathematischer Schärfe"[12], wodurch er bei der Londoner Gesellschaft hoch geachtet, aber auch gefürchtet war. Jetzt stand er mitten im betriebsamen und lärmenden Leben, wie er es sich immer gewünscht hatte. Nun konnte er die gesamten Erfahrungen sammeln, die er für „Gullivers Reisen" brauchte, denn es gab kein Laster oder Verbrechen, dem er in London nicht hätte begegnen können.

Jonathan Swift studierte Moden und Sitten, hielt sich in Kaffeehäusern auf, dokumentierte in kurzen Dialogen die Plattheit, welche ihn umgab, um später mit seiner Ironie alles zu zerfressen[13]. Er war skrupellos und von unvorstellbarer Härte. Deshalb scheint es fast unglaublich, wenn man erfährt, dass Swift während seines mehrjährigen Aufenthalts in London seiner Stella regelmäßig sehr persönliche Briefe schrieb, woraus hervorging, dass er auch eine andere Seite, eine verletzliche Seite besaß. Er vertraute Stella Vieles an, weil er wusste, dass sie ihn verstand. Ihr gegenüber wollte Swift einmal in seinem Leben Herz zeigen, wobei er allerdings kindisch wurde.

Der große Autor genoss also Ansehen, Protektion und Ehre unter den Bewohnern Londons. Für viele Frauen war er besonders interessant, weil er als Frauenfeind galt und doch die Gabe hatte, sie zu verzaubern. Hierzu zählte auch die junge Hester Vanhomrigh, welche sich kopfüber in Swift verliebte. Er war ein häufig und gern gesehener Gast bei der Familie und genoss es, von Hester bewundert zu werden. Doch ihre immer stärker werdende Leidenschaft wurde dem mittlerweile Vierzigjährigen zuviel, und so versuchte er, sich von ihr fernzuhalten. Sie ließ ihm jedoch keine Ruhe und schrieb ihm weiterhin, als er 1713 zum Dekan von St. Patrick ernannt wurde und nach Irland ging. Diese Trennung nutzte er, um mit „Cadenus und Vanessa" ein Gedicht über ihre ungleiche Liebe und Freundschaft zueinander zu verfassen. Mit diesem Werk war für ihn die Sache zwischen Hester und ihm geklärt.

Als Nächstes rief ihn ein Streit der beiden führenden Männer im Kabinett nach London, denn Swift war der Freund beider, und nur er konnte schlichten und so eine Schwächung der Tory-

---

[12] Roch, Herbert: Richter ihrer Zeit. Grimmelshausen – Swift – Gogol. Lizenzausgabe. Berlin-Schöneberg: Gebrüder Weiß Verlag (Jahr unbekannt). S. 88.
[13] Vgl. ebd. S. 93.

Partei verhindern. Die Tories standen schon am Abgrund als der Autor, Geistliche und nun Politiker eintraf, da beispielsweise die Begeisterung der Leute für die Kirchenpolitik der Tories abgeflaut war oder der Friede von Utrecht plötzlich zu einem Schandfleck in ihrer politischen Laufbahn erklärt wurde. Die Whigs sammelten ihre Reserven und Kräften gegen die Tories, wogegen sich die Führer die Tories immer weiter verzettelten. Swift stellte sich auf die Seite von Bolingbroke und schrieb über die damalige Situation ein Pamphlet: „Freie Gedanken zum gegenwärtigen Stand der Dinge". Doch noch ehe es erschien, war es Bolingbroke gelungen seinen Gegner Oxford zu stürzen. J. Swift hatte sich zu einem Bekannten aufs Land zurückgezogen, als er von dem Sturz erfuhr, und, trotz mancher Vorwürfe seiner Politik wegen, stand Swift dem in Ungnade gefallenen Oxford sofort wieder als Freund zur Seite. Zu der Zeit nannte Bolingbroke Swift einen „umgekehrten Heuchler": Im „Inneren fromm, nach außen zynisch."[14].

Nachdem Königin Anna wenige Zeit später starb und die Whigs mit den Tories „abrechneten", zog Swift sich nach Irland in sein Exil zurück. Oxford war in den Tower geworfen worden. J. Swift schrieb an ihn, ob er ihn nicht begleiten dürfe, denn Oxfords Unglück ging ihm sehr zu Herzen. In Dublin lachten die Menschen über den politischen Dekan von St. Patrick, und er war der Gesprächsstoff der „Gerüchteküche". Doch er kümmerte sich nicht darum, hielt sich zurück und beobachtete die Dinge bei Hof über lange Zeit ganz genau, im zum richtigen Zeitpunkt wieder voll in die Politik einzusteigen und mitzumischen.

Zwischenzeitlich hatte Hester Vanhomrigh ein kleines Haus in der Nähe von Dublin geerbt und war dorthin gezogen, was Swift sehr beunruhigte und melancholisch machte. Die Leute munkelten, dass er Esther Johnson heimlich zu seiner Frau genommen hätte und diese verlangte plötzlich wirklich, dass er sie heiratete. Obwohl er innerlich aufgewühlt und unsicher war, zeigte sich nach außen keine Veränderung an ihm und alles blieb beim Alten.

Die Jahre vergingen, und Swift führte einen regelmäßigen Briefwechsel mit Pope, Gay und Arbuthnot aus England, wobei sie Kunst, Literatur, Politisches und Persönliches besprachen. Die Korrespondenz wurde genau überwacht, was J. Swift allerdings nicht daran hinderte, seine Meinung offen zu vertreten. Er besaß zudem eine gewisse Kraft den Menschen ihr Elend und ihnen die Schäden der Zivilisation vor Augen zu führen, so dass diese Leute nicht mehr unbeteiligt weiterleben konnten. Sein eigenes Unglück verschloss er immer tiefer in sein Herz, um den Blick für das Öffentliche nicht zu verlieren. Hesters Leidenschaft für

---

[14] Roch, Herbert: Richter ihrer Zeit. Grimmelshausen – Swift – Gogol. Lizenzausgabe. Berlin-Schöneberg: Gebrüder Weiß Verlag (Jahr unbekannt). S. 104.

Swift war nicht weniger geworden, und immer, wenn sie sich sahen, machte sie ihm dies deutlich. J. Swift jedoch zog sich in dieser von Gefühlen bestimmten Angelegenheit zurück und zeigte ihr lieber das Manuskript von „Gullivers Reisen", an welchem er arbeitete. Sie „gewann einen flüchtigen Einblick in die Welt, wie sie sich in seinem von keiner Illusion über ihre wahren Verhältnisse getrübten Geiste spiegelte. [...] Sie las die Geschichte seines Lebens aus den Zeilen."[15] . Doch die Veröffentlichung des Buches erlebte sie nicht mehr. Hester konnte ihre Gefühle für die große Liebe ihres Lebens nicht mehr unterdrücken, wodurch es letztendlich zu einer Beendigung ihrer Beziehung durch Swift kam. Wenige Wochen nach diesem Vorfall vernahm er die Nachricht von Hester Vanhomrighs Tod.

Fast zeitgleich erschienen Swifts sieben „Tuchhändlerbriefe". Sie sprachen die Probleme eines unterdrückten Volkes an, und der Autor verhalf diesem Volk zum ersten Sieg gegen die Unterdrücker, weshalb er auf der Straße bejubelt wurde. Die Regierung jedoch war weniger begeistert, ließ den Drucker der Briefe ins Gefängnis werfen und setzte eine hohe Belohnung auf „die Ergreifung des hochverräterischen Tuchhändlers"[16] aus. Obwohl einige Leute das Geld gut gebrauchen und viel für eine solche Summe getan hätten, wurde der Dekan nicht verraten und man bewachte sogar sein Haus, um ihn zu schützen. Zuletzt gab Walpole auf und überließ Swift den Sieg, der für ihn allerdings kein richtiger Sieg war: Er hatte bessere Lebensbedingungen für das Volk geschaffen, doch er wusste genau, dass er die menschliche Natur nicht ändern konnte.

Inzwischen war auch „Gullivers Reisen", das einzige große Werk in Swifts Leben und ein großartiges Werk für die Menschheit, fertiggestellt worden und anonym im Druck erschienen. Noch ehe der Name des Werkes aufgetaucht war, gab es schon erste Entwürfe zu „Gullivers Reisen", welche auf den Scriblerus Club zurückgehen. Ein „gemeinsames satirisches Abenteuerbuch"[17] war geplant, doch J. Swift ließ diesen Plan lange ruhen, bis er 1721 und '22 den ersten Teil, die Reise nach Lilliput, verfasste, wie aus verschiedenen Briefen hervorgeht. Swift paraphrasierte mit der Handlung im Zwergenstaat die politischen Ereignisse der Jahre 1708 bis '15 und Zeitgeschichtliches von '20 bis 1722. Wichtig sind allerdings nicht nur diese „zeitaktuellen" Bedeutungen, sondern auch die philosophische und politische Dimension in den drei anderen Teilen.

Das zweite Buch wurde '22 und '23 niedergeschrieben, und auch die Reise ins Land der Riesen war schon in Ansätzen vom Scriblerus Club geplant.

---

[15] Roch, Herbert: Richter ihrer Zeit. Grimmelshausen – Swift – Gogol. Lizenzausgabe. Berlin-Schöneberg: Gebrüder Weiß Verlag (Jahr unbekannt). S. 112.
[16] Ebd. S. 120.
[17] Wittkop, Justus Franz: Swift. Reinbek bei Hamburg: Rowohlt Taschenbuch Verlag GmbH 1976. S. 104.

Den vierten Teil schrieb der Autor noch vor dem dritten im Jahr 1723. Dieses Buch wurde stark von Swifts Reise durch Südirland geprägt, welche er kurz nach dem Tod von Vanessa, alias Hester, unternahm. Heute würde man seine damalige Gemütsverfassung wohl als Depression beschreiben, welche stark auf den letzten Teil des Werkes einwirkte. Zudem haben sicherlich die Eindrücke auf seiner Reise von den fast animalischen Lebensumständen der verarmten Bevölkerung der Beschreibung der Yahoos „jene grausig-misantrophische Farbe gegeben"[18].

1724 und '25 schrieb Swift dann den dritten Teil von „Gullivers Reisen", worin Gulliver unter anderem auf die fliegende Insel mit den dort lebenden, an der Wirklichkeit vorbeispekulierenden Gelehrten kommt. Swift nahm damit ein Thema, welches ihn schon in „A Tale of a Tub" beschäftigt hatte, wieder auf: Der Hohn auf die Royal Society.

Im März 1726 kam Jonathan Swift schließlich mit dem komplett fertiggestellten Manuskript nach England und es erschien dort im Oktober.

„Gullivers Reisen" erregte sofort Begeisterung und Aufmerksamkeit, aber auch die Abscheu vieler Menschen und ein Rätselraten, wer der wahre Autor des Werkes sei, entstand. Nur einige enge Freunde Swifts, wie Pope, Bolingbroke und Gay wussten, dass Swift hinter dem Synonym „Lemuel Gulliver" steckte, aber sie blieben verschwiegen und taten so, als ob sie nicht mehr wüssten, als die anderen Leute auch. Zum Einen hatte Swift eine Vorliebe für „literarische Versteckspiele"[19], zum Anderen gab es bei so einem brisanten Buch auch politische Gründe für Swift, sich nicht als Autor zu erkennen zu geben.

Das Werk wurde in London zum Stadtgespräch, und die komplette Auflage wurde innerhalb einer Woche verkauft. Interessant ist, dass es von den höchsten bis zu den niedrigsten Kreisen gelesen wurde und es der Mehrheit außerordentlich gut gefiel. „Gullivers Reisen" bedurfte keiner Empfehlung. Die Leser lasen das Buch anfangs wie ein Märchen, doch nachdem sie es ausgelesen hatten, fühlten sie sich erschüttert wie nach einer Tragödie. „Es ergriff die Menschen durch seinen tiefen Ernst."[20]. Swift hatte einen witzigen, sowie tiefsinnigen Zeitroman erschaffen, dem man zugleich Zeitlosigkeit zusprach und der Philosophen, aber auch Kinder begeisterte.

Das Werk wurde weit über die Grenzen Londons hinaus bekannt, es wurde in viele Sprachen übersetzt, und es fand reißenden Absatz, so dass eine Auflage nach der anderen erschien. Es wurde als unterhaltsam, aber auch gedankenreich empfunden und die Leser spürten, dass die

---

[18] Wittkop, Justus Franz: Swift. Reinbek bei Hamburg: Rowohlt Taschenbuch Verlag GmbH 1976. S. 104.
[19] Roch, Herbert: Richter ihrer Zeit. Grimmelshausen – Swift – Gogol. Lizenzausgabe. Berlin-Schöneberg: Gebrüder Weiß Verlag (Jahr unbekannt). S. 124.
[20] Ebd. S. 125.

Gestalt „Lemuel Gulliver" den Geist ihrer Zeit verkörperte. Viele kritisierten Swifts Werk in der Öffentlichkeit, konnten aber, wenn sie sich unbeobachtet fühlten, nicht genug darin lesen.

So lebte Lemuel Gulliver fast über das Buch hinaus. Er berichtete über die „Königreiche der Phantasie"[21], wie Lilliput oder Brobdingnag, den Menschen Neues vom Englischen Hof, Skandalgeschichten aus dem Kabinett oder Windsor, die phantasielose Art jenes Zeitalters Kunst zu gestalten, etc.. Zuletzt stellte er den Lesern ihr satirisches Abbild, die Yahoos, vor. Dadurch, dass L. Gulliver aufzählt, was es im Land der weisen Pferde nicht gibt, werden die Leser darauf aufmerksam gemacht, dass ihre Welt sich aus genau diesen Einzelheiten vollständig zusammensetzt und dass ihre gepriesene Zivilisation also alles andere als weise ist. Nachdem Gulliver zu den Menschen zurückkehren musste, schließt er seinen Bericht mit einem aufrichtigen und rücksichtslosen Bekenntnis seiner Menschenverachtung. Hiermit stellte sich Swift außerhalb der Gesellschaft, sogar außerhalb alles Menschlichen. „Gullivers Reisen" vollendete eine Art Selbstverbannung, die er sich selbst auferlegt hatte. Schon im Alter von 20 Jahren hatte Swift sich dazu entschieden niemals zu heiraten oder Kinder zu zeugen, da er glaubte, dass das Lächeln eines Kindes eine schuldfreie Welt oder die Umarmung einer Frau Erlösung vortäusche. Gefühle bedeuteten für ihn Fallen und hatten demnach nur einen negativen Wert. Diesen überall aufgestellten Fallen wollte er durch den „Instinkt des großen Geistes, der allein durch die Stärke seiner Vernunft genial und dessen Illusionslosigkeit unmenschlich und übermenschlich zugleich wirkt"[22], entgehen. Diese Meinung verstärkte sich, je älter er wurde, und mehr und mehr erschien ihm alles als eine Lüge oder Selbsttäuschung. Allein im Buch Hiob, aus dem er an seinen Geburtstagen las, fand er sich selbst wieder, wie er sagte. Ansonsten hasste er das Leben und betitelte es als eine lächerliche Tragödie.

Mit 60 Jahren reiste Jonathan Swift zum letzten Mal nach England, unter anderem, um seinen Freund Pope zu besuchen. Ihm vertraute er an, dass sein Ruhm eigentlich nur eine Illusion war, weil er nichts erreicht habe: Die Welt war um nichts besser geworden. Er war ihres Treibens müde und wünschte sich sein Ende herbei. Swift litt unter starken Gleichgewichtsstörungen, als er erfuhr, dass Esther Johnson, seine Stella, im Sterben lag. Er reiste zurück nach Irland und traf Stella noch lebend an. Kurze Zeit später starb sie, und Swift konnte ihr, aufgrund seines schlechten Gesundheitszustandes, nicht einmal das letzte Geleit geben. Im Volk gab es wieder viel Gerede über die Beziehung zwischen Swift und Esther

---

[21] Roch, Herbert: Richter ihrer Zeit. Grimmelshausen – Swift – Gogol. Lizenzausgabe. Berlin-Schöneberg: Gebrüder Weiß Verlag (Jahr unbekannt). S. 126.
[22] Ebd. S. 129.

Johnson, doch er äußerte dazu nur, dass nur ihre Anwesenheit und die Gespräche mit ihr sein Leben erträglich gemacht habe. Er zeigte nicht, wie sehr er wirklich litt.

Swift wurde älter und seine Gebrechen nahmen zu. „Der Mann, dem das Körperliche nie etwas bedeutet hatte, fürchtete sich plötzlich vor dem Verfall des Körpers."[23]. Doch noch lebte der alte ironische Geist in ihm, und so auch seine Menschenverachtung, die bis zu dem Verlust seines Verstands keine Illusion zuließ. Eine Nichte hatte ihn bis dahin gepflegt, doch als er gewalttätig wurde, sah sie sich gezwungen, ihn in ein Heim zu geben. Außerdem enthoben ihn die Behörden wegen Geistes- und Gedächtnisstörungen seines Amtes und entmündigten ihn[24].

Drei weitere Jahre lebte Jonathan Swift noch. Sein Äußeres glich immer noch dem Mann, welcher seinerzeit „Gullivers Reisen" und andere berühmte Werke verfasst hatte, doch sein Geist war tot. „Er starb von oben ab, wie er es vorausgesagt hatte."[25].

Teil 2: „ ‚Gullivers Reisen' : Vom literarischen Meisterwerk zum Jugendbuch"

Die treffendste Definition, welche für „Gullivers Reisen" wohl je gefunden wurde, ist die von Walter Scott: „Gullivers Reisen" ist ein „allegorischer Roman", denn in keinem Werk scheint die Allegorie so ziel- und treffsicher angewandt, um eine Satire zu verfassen. Wer dieses Werk ganz und gar auskosten möchte, der muss stetig nach den realen Bezügen der Symbole suchen, durch die sich der moralische Inhalt erst zeigt.

Es ist somit selbstverständlich, dass die boshafte, gereizte und politische Allegorie nichts für Kinder ist. Ein Kind kann die Gegenüberstellung des Phantastischen und des Historischen nicht nachvollziehen und verstehen, da es außerhalb der Geschichte lebt und die Zwistigkeiten der vergangenen Jahrhunderte nicht kennt. Es fällt sein Urteil auf der Basis einer unmittelbaren und instinktiven Sympathie[26].

Swifts Werk ist auf Erwachsene zugeschnitten und sollte auch kein Erfolg bei den jungen Lesern werden. Doch genau das wurde es: Gulliver war der Liebling der Kinder. Eine gewichtige Begründung, die gegen diesen Erfolg spricht und „Gullivers Reisen" aus der Kinderliteratur ausschließt, ist, dass es kein glückliches Ende gibt. Orientiert am weit

---

[23] Roch, Herbert: Richter ihrer Zeit. Grimmelshausen – Swift – Gogol. Lizenzausgabe. Berlin-Schöneberg: Gebrüder Weiß Verlag (Jahr unbekannt). S. 134.
[24] Vgl. ebd. S. 138.
[25] Ebd. S. 138.
[26] Vgl. Santucci, Luigi: Das Kind, sein Mythos und sein Märchen. Hannover: Hermann Schroedel Verlag KG 1964. S. 145.

verbreiteten Konzept der Kinder- und Jugendliteratur kam zudem kein Pessimismus oder Skeptizismus in bewährter Literatur für die „kleinen Erwachsenen" vor, weil diese von den Kindern nicht angenommen werden. Swifts Meisterwerk ist zu Recht als eines der „düsteren und an zerstörerischem Pessimismus reichsten Bücher"[27] zu betiteln, das die Literatur besitzt.

Doch die Kinder und Jugendlichen haben dieses Buch, für viele unfassbar, erobert. Sie holten sich das Land der Lilliputaner und der Brobdingnags einfach und sahen nur Gulliver, den Riesen zwischen den Lilliputanern und den Zwerg zwischen den Brobdingnags. Die Kinder begnügen sich allein an dem unmittelbaren körperlichen Aspekt und erkennen noch nicht die moralische Seite. Sie erfreuen sich vielmehr an den von Gulliver erlebten Abenteuern und sehen sich in ihm gespiegelt, was wahrscheinlich der Grund für die Vorliebe für das Buch ist und worauf ich später noch eingehen werde. Ausgeschlossen sind hierbei das Buch der Pferde und natürlich die ganzen satirischen, philosophischen und anspielungsreichen Auszüge des Werkes. Mit Kinderaugen gesehen ist Jonathan Swifts Werk ein wunderbares Reiseabenteuer mit vielen überraschenden Effekten.

Die sogenannten Klassiker der Lektüre für Kinder und Jugendliche, wozu auch „Gullivers Reisen" zählt, verschwanden mit der Zeit immer mehr in der Versenkung. Das heißt, dass unter anderem Gründe für die Beliebtheit mancher Werke nicht mehr erforscht wurden. Außerdem wurde nicht beachtet, dass bestimmte Bücher für Jugendliche immer und immer wieder überarbeitet, verändert, gekürzt oder nacherzählt wurden. Zum Teil haben diese „Karikaturen" nicht mehr mit dem Original gemeinsam, als den Titel.

Nun soll die für Jugendliche umgeschriebene Literatur nicht genau den Originalen gleichen, denn dann hätte man die Werke auch in ihrer ursprünglichen Form belassen können. Doch die jungen Leser sollten die Meisterwerke der Literatur auch nicht in einer dem Original völlig entfremdeten Version kennenlernen, wie es bei vielen Werken der Fall ist. Dazu zählen „Robinson Crusoe, Moby-Dick, Oliver Twist, David Copperfield", sowie viele andere mehr, und natürlich nicht zuletzt „Gullivers Reisen".

Heinz Kosok betrachtet den Wandel von Jonathan Swifts Original zum Jugendbuch eher literaturhistorisch. Er beschreibt das Werk als einen Reiseroman, in welchem in vierfacher Wiederholung ein bestimmtes Grundmotiv benutzt wird: Die Reise. Meiner Meinung nach sind allerdings auch manchmal Züge eines Märchens vorhanden; beispielsweise bei den Riesen und Zwergen, der fliegenden Insel und den sprechenden Pferden. Zudem findet man Merkmale der Allegorie, denn es sind eindeutige Verbindungen und Entsprechungen

---

[27] Vgl. Santucci, Luigi: Das Kind, sein Mythos und sein Märchen. Hannover: Hermann Schroedel Verlag KG 1964. S. 146.

zwischen den einzelnen Inseln, England und den Nachbarländern zu erkennen. Diese Merkmale dienen darüber hinaus der Utopie, zum Beispiel bei der Darstellung eines idealen und nachahmenswerten Staatswesens. Am wichtigsten ist jedoch die Satire als eine Art „Basis-Charakter" des Werkes. Besonders die im Buch beschriebenen menschlichen Eigenschaften sind zeitlos und machen „Gullivers Reisen" daher auch heute noch aktuell.

Warum auch Swifts Meisterwerk zu einem Jugendbuch wurde, trotz der Ironie, des Pessimismus und ohne den glücklichen Ausgang, ist eindeutig: „ ... Gulliver's Travels ist geradezu von den Kindern in Besitz genommen worden."[28]. Gründe dafür sind sicherlich die märchenhaften Züge des Werkes. Zudem werden diese von J. Swift in eine kindgerechte Logik eingebunden. Akzeptiert der Leser erst einmal, dass der Reisende Gulliver in eine Zwergen- oder Riesenwelt gerät, so leiten sich alle weiteren Details automatisch in einer genauen Folge ab. Auch die Phantasie-Fülle spielt eine wichtige Rolle: Sie verbindet nicht nur alles Märchenhafte in „Gullivers Reisen" mit der Struktur eines Abenteuerromans, sondern durch sie scheint Swifts Werk geradezu geschaffen für ein Jugendbuch. Darüber hinaus wird die Welt des Kindes, besonders in zwei Teilen des Werkes, widergespiegelt: Gullivers Verhältnis zu den Lilliputanern ist zu vergleichen mit dem Verhältnis eines Kindes zu seinem Spielzeug. So, wie Gulliver mit den Zwergen spielt, sich über sie amüsiert und ihnen überlegen ist, so ist ein Kind seinen Puppen oder Autos überlegen und spielt mit ihnen. Alles dient zum Zeitvertreib und zur Unterhaltung. In Brobdingnag sind die Dimensionen vertauscht: Dies ist die Welt der Erwachsenen, welche, sowohl Gulliver als auch ein Kind, von „unten herauf" kennenlernt. Dem Zugriff dieser Welt kann man nicht entkommen, man wird selbst zu einem Schaustück und muss sich manierlich benehmen. In diesen beiden ersten Büchern wird Gulliver, viel stärker als für einen erwachsenen Leser, zum Identifikationsobjekt der Kinder. Sie finden ihre Probleme, Erfahrungen und Ängste in ihm wieder.

Erst Mitte des 19. Jahrhunderts, also erst sehr viel später nach der Veröffentlichung der Übersetzung von Swifts „Gullivers Reisen" 1722 in Deutschland, entstanden erste Kinderbuchfassungen. Sie waren größtenteils auf die ersten beiden Teile beschränkt und stark überarbeitet, bzw. verändert. Doch schon Johann Heinrich Waser, ein Schweizer, welcher als bedeutendster Übersetzer von Swifts Werken im 18. Jahrhundert gilt, wehrte sich dagegen, dass „Gullivers Reisen" bloß zu einem lustigen Zeitvertreib für Kinder und Jugendliche wurde. Diese Warnung erscheint mir bis in die heutige Zeit angebracht, wenn man sich neuere

---

[28] Kosok, Heinz: Lemuel Gullivers deutsche Kinder. Weltliteratur als Jugendbuch. Wuppertal: Peter Hammer Verlag GmbH 1976. S. 10.

Bearbeitungen von Swifts Fassung als Jugendbuch anschaut.

Bei einigen Jugendbüchern von „Gullivers Reisen" sind die Verlagsangaben unterschiedlich vollständig: Der Illustrator ist zwar in jedem Fall genannt, doch oft fehlt der Name des Übersetzers, des Bearbeiters oder die Jahresangabe. Ich habe sogar eine Ausgabe gefunden, bei der nicht einmal Swifts Name genannt wird: „Gullivers Reisen, nacherzählt von Erich Kästner, mit vielen Bildern von Horst Lemke (Wien und Heidelberg: Verlag Carl Ueberreuter 1961)". Dass es sich um Übersetzungen handelt, wird außerdem nicht allzu oft erwähnt. Andere Ausgaben sind durch „neu erzählt" oder „nacherzählt" gekennzeichnet. Man bekommt also schon bei der Betrachtung des Titels oft den Eindruck „einer nur lockeren Bindung an das Original"[29], da Unterschiede und Merkwürdigkeiten auffallen.

Vom Formalen zum Inhaltlichen: Am auffälligsten ist, dass sich fast alle Jugendbücher zu „Gullivers Reisen" von J. Swift auf Teil I und II beschränken. Die Erzählsituation wird durch diese Halbierung total verändert: Gulliver erzählt seine Reisen jetzt nicht mehr vor dem Hintergrund der beiden letzten und entscheidenden Bücher. Die Begegnung mit den Yahoos und Houyhnhnms, die sein Weltbild, als auch sein Menschenbild total umgewälzt hat, wird nicht beschrieben, wodurch der Leser der Jugendbücher nur äußere Größenverhältnisse erkennen kann. Erst in Teil III und IV werden philosophische oder moralische Züge durch Vergleiche zu Teil I und II fixiert, was man als Leser der Jugendbücher nicht nachvollziehen kann, weil die beiden letzten Teile einfach nicht vorhanden sind. Durch die Einsparung oder Beschränkung werden die märchenhaften Züge verstärkt, die Roman-Elemente reduziert, und Gulliver gilt als naiv-optimistisch, ohne seine eigene Position in Frage zu stellen. Inhaltlich besonders und auffällig ist auch folgende Ausgabe: „Gulliver bei den Riesen, Jonathan Swift nacherzählt, Zeichnungen von Carl Fr. J. Benedek (Göttingen: W. Fischer Verlag, o. J.)". Sie ist für kleine Kinder bestimmt, behandelt nur die Reise nach Brobdingnag und lässt einen Erzähler, nicht Gulliver selbst, von den Erlebnissen berichten.

Die Übersetzungen sind meistens gekürzt, manchmal erweitert, aber in jedem Fall umformuliert, um den Grad einer heiteren und verharmlosenden Nacherzählung zu erlangen. Fast alle deutschen Ausgaben orientieren sich, auch heute noch, an der Übertragung von Franz Kottenkamp, welche 1839 veröffentlicht wurde. Die Veränderungen, die von den Bearbeitern vorgenommen wurden, sind Verkürzungen in folgenden drei Bereichen: „im Bereich der zeitgebundenen Parallelen und Anspielungen", die allegorische Seite des Werkes, „im Bereich der satirischen Kritik an zeitgenössischen Verhältnissen und Institutionen sowie

---

[29] Kosok, Heinz: Lemuel Gullivers deutsche Kinder. Weltliteratur als Jugendbuch. Wuppertal: Peter Hammer Verlag GmbH 1976. S. 14.

im Bereich der philosophisch-spekulativen Exkurse"[30], welche J. Swift zwischenzeitlich einschiebt. Darüber hinaus werden handlungsmotivierende Begebenheiten betont, was die Struktur des Reiseromans verstärkt, und die Elemente des Märchens und des Phantastischen werden hervorgehoben. Einige Probleme, die sich den Bearbeitern gestellt haben und wie sie diese lösen konnten, soll an verschiedenen Passagen verdeutlicht werden:

Eine einfachere philosophische Erkenntnis, die „Gullivers Reisen" vermitteln will, ist die Einsicht in die Relativität aller Maßstäbe, „die Abhängigkeit jeder Erkenntnis vom Standpunkt des Erkennenden"[31]. Als Gulliver sich in Brobdingnag an Lilliput erinnert, erkennt er, dass die Philosophen zweifellos recht haben, „wenn sie uns sagen, daß alles nur durch den Vergleich groß oder klein ist"[32]. Diese Einsicht ist eigentlich auch für junge Leser nachvollziehbar, und trotzdem wird sie in mehreren Jugendausgaben komplett gestrichen und in manchen lediglich angedeutet. Beibehalten, zwar verkürzt und sprachlich vereinfacht, ist diese Passage nur in ganz wenigen Fassungen. Dieses Beispiel zeigt, das bei den meisten Ausgaben lediglich versucht wird die Handlungsstruktur zu übernehmen und dass die Aussagen im gedanklichen Bereich stark reduziert werden. Ob dann allerdings noch gerechtfertigt ist, dass der Name „Jonathan Swift" auf der Titelseite steht, bezweifle ich.

Schwieriger sind die Veränderungen jedoch in einem anderen Bereich: Gulliver berichtet, wie er das Feuer im Palast des Kaisers von Lilliput erfolgreich löschen konnte. Im Originalwerk wirk diese Passage in gewisser Weise handlungsmotivierend, denn die Entwürdigung der Gemächer der Kaiserin und ihre Entrüstung darüber führt dazu, dass Gulliver wegen Hochverrats verurteilt wird. Dieses Ereignis verursacht seine Flucht aus Lilliput, er kehrt heim, und alles das ermöglicht schließlich erst den Bericht von diesem Abenteuer. In fast allen englischen Jugendausgaben ist diese Textstelle gänzlich gestrichen worden. Bei den deutschen Ausgaben für Kinder und Jugendliche ist das nur ganz selten der Fall. Andererseits ist die einzige Fassung mit einer kompletten Übersetzung, in der „sogar" das Wort Urin vorkommt, ausgerechnet die älteste Übersetzung. Die meisten deutschen Ausgaben geben diesen Abschnitt zwar wieder, doch nur sehr verkürzt und „ohne ins Detail zu gehen". Zwei Ausgaben Erich Kästners veralbern und ironisieren Gullivers Erleichterung über dem Palast dermaßen, dass dies fast schon nicht mehr als kindgemäß zu bezeichnen ist. Darin wird beschrieben, wie Gulliver das tut, was kleine Jungen hinter dem Haus oder im Wald tun, wenn sie zu viel Limonade getrunken haben. Danach folgt: „Ihr habt es schon

---

[30] Kosok, Heinz: Lemuel Gullivers deutsche Kinder. Weltliteratur als Jugendbuch. Wuppertal: Peter Hammer Verlag GmbH 1976. S. 16.
[31] Ebd. S. 16.
[32] Swift, Jonathan: Gullivers Reisen. Übersetzt von Franz Kottenkamp. Frankfurt am Main: Insel Verlag 1974. S. 115.

erraten? Ganz Recht!"[33]. Es ist kaum vorstellbar, dass man diese Stelle noch peinlicher umsetzen kann, doch in den Fassungen von Hans Hecke und Hermann Gerstner wird beschrieben, wie Gulliver schnell zum Meer läuft, seinen Hut mit Wasser füllt und, auf dem Rückweg die Löcher im Hut mit den Händen zuhaltend, den Palast begießt und das Feuer so löscht. Die Empörung der Kaiserin wird damit erklärt, dass das Meerwasser die Einrichtung in den Gemächern zerstört habe.

Wenn schon die eben beschriebene Textpassage, die ja eigentlich einen für alle Kinder und Erwachsenen normalen und alltäglichen Vorgang behandelt, solche Bedenken bei den Übersetzern und Nacherzählenden auslöst, ist es nicht verwunderlich, dass andere Stellen komplett ausgelassen werden. Aus moralischen Gründen wurde die Stelle, wo die komisch wirkende Truppenparade in Lilliput unter Gullivers gespreizten Beinen hindurch marschiert, in fast allen englisch- und deutschsprachigen Jugendbuchfassungen weggelassen. Zumindest wurde die Passage stark verkürzt. In den Büchern, welche sie aufgreifen, wird die ironische Andeutung der Szene durch Wörter wie „Bewunderung" oder „Verwunderung" neutralisiert. „Swifts Humor, der vielfach auf solchen Andeutungen beruht, fällt damit der moralischen Zensur zum Opfer."[34].

Noch bedenklicher ist ein anderes Beispiel: Der König von Brobdingnag fragt Gulliver über die Verhältnisse in Europa aus. Swift arbeitet hier mit einer neuen Art der Satire, denn Gulliver schildert die Verhältnisse als so ideal, dass dies nicht nur dem König fragwürdig erscheint, sondern auch dem Leser, welcher wohl eher dem abschließenden Urteil des Königs beipflichten würde. Hier liegt erstmalig Swifts massive Kritik an der Gesellschaft offen. Nur wenige Jugendbuchausgaben stellen diese Passage sinngemäß dar, so dass die jungen Leser kaum dazu ermutigt werden Fragen an Gulliver zu stellen und somit Kritik zu üben. Vielen Herausgebern war dieses Thema wohl zu heikel, da die Übersetzung ja auch nicht so einfach ist und so vielleicht auch nicht zufriedenstellend gelungen wäre. Interessant finde ich allerdings eine weitere Gruppe von Ausgaben, die Swifts Formulierung zwar übernommen hat, die aber noch etwas hinzufügen. Sinngemäß wiedergegeben heißt es dort, dass der König des Landes abgeschieden von der übrigen Welt lebt, dass er daher keinen Blick für die in Europa bestehenden Verhältnisse habe und dass der Leser deshalb sein Verhalten verzeihen müsse. Hier wird versucht die jungen Leser, nicht nur über den gesellschaftlichen Zustand der Welt, zu beruhigen.

---

[33] Vgl. Gullivers Reisen. Nacherzählt von Erich Kästner, mit vielen Bildern von Horst Lemke. Ravensburg: Otto Maier Verlag 1974.
[34] Kosok, Heinz: Lemuel Gullivers deutsche Kinder. Weltliteratur als Jugendbuch. Wuppertal: Peter Hammer Verlag GmbH 1976. S. 20.

Anhand dieser Beispiele erkennt man, wie uneinheitlich die deutschen Jugendbuchfassungen von „Gullivers Reisen" sind. Somit lassen sie sich auch nicht insgesamt betrachtet, pauschal, beurteilen. Einige Punkte kann man jedoch festhalten: Vom Umfang her sind ca. 30% von Swifts Text in einer Ausgabe enthalten, manchmal aber auch weniger als 10%. Das sind aber Einzelfälle. Allgemein betrachtet werden die Märchen und die abenteuerreiche Reisedokumentation hervorgehoben. So geht die Handlung schneller voran und die „oberflächlichen" Erlebnisse Gullivers gewinnen an Bedeutung. Dabei wird ihre übertragbare Bedeutung und ihre Wirkung auf den Leser nicht berücksichtigt und drastisch reduziert. Gulliver fungiert als Berichterstatter und wirkt nicht als ein lebendiger Charakter, dessen Verhalten dem Leser vielleicht fragwürdig erscheinen würde. Die satirischen Anspielungen, sie gelten als die Hauptmerkmale in Swifts Werk, werden konsequent reduziert, was sicherlich nicht im Sinne Jonathan Swifts wäre. „Falsche Prüderie"[35] und die Vermittlung einer besseren Weltansicht als die Swifts dem jungen Leser gegenüber, führen zu starken Änderungen, manchmal sogar zu Einfügungen. All diese Punkte belegen, dass man sich skeptisch gegenüber Jugendbuchfassungen von den Werken der Weltliteratur zeigen sollte.

Schluss

Zum ersten Teil dieser Arbeit, in welchem ich Swifts Leben und Charakter dargestellt habe, möchte ich anmerken, das man erstaunlich viele Elemente in Jonathan Swifts Leben entdeckt, welche sich in seinem Meisterwerk, in satirischer Form aufgegriffen, wiederfinden lassen. Man erkennt deutliche Parallelen zwischen den Ereignissen der damaligen Zeit und den Ereignissen, die Gulliver erlebt.

Es war interessant zuerst Swifts Werk gelesen zu haben und dann Genaueres über den Autor und seine Lebensumstände zu erfahren, denn dadurch habe ich auch „Gullivers Reisen" selbst besser verstehen können. Das erste Mal, in Vorbereitung auf das Seminar „Satirische Texte der europäischen Aufklärung", habe ich die Satire ohne das Hintergrundwissen über Swift gelesen und habe „nur Gulliver gesehen". Mittlerweile habe ich das Buch noch einmal gelesen und bemerkt, dass ich bei sehr vielen Stellen nun sofort auf Swift schließe und dass ich erkenne, welche Ereignisse in seinem Leben und seiner Umgebung ihn dazu bewegt

---

[35] Kosok, Heinz: Lemuel Gullivers deutsche Kinder. Weltliteratur als Jugendbuch. Wuppertal: Peter Hammer Verlag GmbH 1976. S. 23.

haben, manche Stellen genau so zu verfassen, wie er sie verfasst hat. Es ist schwierig, diese Gedanken in Worte zu fassen.

Trotzdem bleibt Jonathan Swift als Mensch für mich unverständlich: Wie kann ein Mensch so menschenfeindlich sein? Was für eine große Qual muss sein Leben gewesen sein? Er war eine Persönlichkeit voller Gegensätze, die ich nicht mit mir vereinbaren könnte: Er war Ire und hasste Irland, sowie alle Iren. Er war Schriftsteller und verachtete seine Schriftstellerei. Er war Geistlicher und erschien zur damaligen Zeit als ein wahrer Antichrist. Er war der Held einer berühmten Liebesgeschichte und hatte keinen Sinn für die Liebe und zuletzt: Er hatte den klarsten Geist und wurde vom Wahnsinn umnachtet.

Im zweiten Teil habe ich mich mit dem Substanzverlust, den ein Werk der Weltliteratur erleidet, wenn es zum Jugendbuch umgeformt wird, befasst. Die Frage war, ob man überhaupt noch von einer gewissen Identität zwischen dem Original und den Jugendbuchfassungen ausgehen kann. Am Beispiel von „Gullivers Reisen" hat sich gezeigt, dass die Umwandlung sehr schnell zu einer totalen Reduktion von ganzen Textpassagen führen kann, was in meinen Augen nicht Sinn der Sache ist. Skepsis gegenüber solchen Ausgaben ist meiner Meinung nach angebracht.

Ich hätte nicht gedacht, dass es erlaubt ist, Ausgaben zu veröffentlichen, die weniger als 10% von Jonathan Swifts eigentlich verfasstem Text beinhalten. Außerdem werden wichtige Stellen, welche die Jugendlichen zum Nachdenken und Kritik üben anregen sollen, einfach gestrichen oder durch verharmlosende Wörter neutralisiert. Dabei kenne ich kein geeigneteres Werk, das sich so der Kritik aller anbietet.

Einige Ausnahmen mache ich jedoch: Ich verstehe, dass in manchen Ausgaben für die ganz kleinen Kinder, Teile des Originaltextes fortgelassen worden sind. Dann sollte aber auch nicht Swifts Name auf der Titelseite stehen, sondern vielleicht „In Anlehnung an ..." oder ähnlich.

Jonathan Swift würde vielleicht sagen, dass manche von Gullivers „deutschen Kindern" wie Bastarde wirken, gezeugt von den Yahoos in Teil IV, deren Bekanntschaft die Bearbeiter den Kindern und Jugendlichen eigentlich ersparen wollten.

Literaturverzeichnis

➤ Gullivers Reisen. Nacherzählt von Erich Kästner, mit vielen Bildern von Horst Lemke. Ravensburg: Otto Maier Verlag 1974.

➤ Kosok, Heinz: Lemuel Gullivers deutsche Kinder. Weltliteratur als Jugendbuch. Wuppertal: Peter Hammer Verlag GmbH 1976.

➤ Roch, Herbert: Richter ihrer Zeit. Grimmelshausen – Swift – Gogol. Lizenzausgabe. Berlin-Schöneberg: Gebrüder Weiß Verlag (Jahr unbekannt).

➤ Santucci, Luigi: Das Kind, sein Mythos und sein Märchen. Hannover: Hermann Schroedel Verlag KG 1964.

➤ Swift, Jonathan: Gullivers Reisen. Übersetzt von Franz Kottenkamp. Frankfurt am Main: Insel Verlag 1974.

➤ Wittkop, Justus Franz: Swift. Reinbek bei Hamburg: Rowohlt Taschenbuch Verlag GmbH 1976.

➤ Jonathan Swift. „Gulliver's Travels". Hg. v. Hermann J. Real und Heinz J. Vienken. München: Wilhelm Fink Verlag 1984. S. 117.